Theodor Gaedertz

Hans Memling und dessen Altarschrein im Dom zu Lübeck

Theodor Gaedertz

Hans Memling und dessen Altarschrein im Dom zu Lübeck

ISBN/EAN: 9783743304499

Hergestellt in Europa, USA, Kanada, Australien, Japan

Cover: Foto ©ninafisch / pixelio.de

Manufactured and distributed by brebook publishing software (www.brebook.com)

Theodor Gaedertz

Hans Memling und dessen Altarschrein im Dom zu Lübeck

HANS MEMLING

UND DESSEN

ALTARSCHREIN IM DOM ZU LÜBECK

VON

Dr. THEODOR GAEDERTZ.

MIT EINEM PLANE DES ALTARSCHREINS.

LEIPZIG
VERLAG VON WILHELM ENGELMANN
1883.

DEM

BEWÄHRTEN KUNSTFORSCHER

UND

GRÜNDLICHEN KENNER

DER

ALTFLANDRISCHEN MALERKUNST

J. A. CROWE ESQ.

ZUGEEIGNET

VOM VERFASSER.

M Mittelalter gipfelte die Cultur in dem religiösen Leben. Dieses auf das damals noch nicht erschütterte Dogma sich gründend entfaltete seine volle Kraft; der Glaube übte seine ganze Macht. Der Klerus war vorzugsweise der Träger auch der geistigen Bestrebungen. Indem in seiner Hand die Pflege der Wissenschaften und die Bildung fast ausschliesslich lagen, bestimmte er nicht allein die Strömung der Zeit, sondern wusste auch das Volk zur Durchführung seiner Aufgabe unter das Joch der Kirche zu beugen.

Auch die Maler erfuhren jenen gewaltigen Einfluss. Sie schufen im Dienste der Kirche und zu deren Verherrlichung die vielen Heiligenbilder, welche von ihren begüterten Mitbürgern auf die Altäre gestiftet wurden. Um so zahlreicher waren diese

Stiftungen, als darin nicht nur ein frommer, gottesfürchtiger Sinn sich zu bethätigen beflissen war, sondern als sie auch bei Manchem zum Sühnmittel dienten, um das durch Eigennutz und Habsucht verletzte Gewissen abzufinden.

Gegen Ende des Mittelalters begann indess unter Entwicklung einer freieren Geistesrichtung auch in der Kunst gleichzeitig mit der italienischen Renaissance, jedoch unabhängig von dieser, in den germanischen Staaten ein Umschwung sich allmählig bemerkbar zu machen. Die Reformation, welche das Heilige mit dem Menschlichen zu vermitteln bedacht war, sandte ihre ersten Strahlen aus, und veränderte die ganze Lebensanschauung. Zwar entnahmen auch die Maler ihre Stoffe nach wie vor dem religiösen Gebiete und wurden grösstentheils von einer ernsten und strengen Darstellungsweise beherrscht, indem sie noch dem idealen kirchlich sanctionirten Style anhingen, welcher sogar bei einzelnen Künstlern bis in die Gegenwart sich erhalten hat. Allein das Kirchenbild kam nicht mehr lediglich in seiner Abstraction und in Symbolen zur Erscheinung, sondern es brach sich eine naturalistische Richtung Bahn und die concrete Wirklichkeit gelangte zum Ausdruck — im Wechselspiel der Farben sowohl, wie im Reichthum der Formen. Die irdische Natur machte ihren Einfluss mächtig geltend, und es ward in erster Linie nicht nur die Hoheit der Glaubenslehren, sondern das menschliche Herz, das sie gläubig auffasst, geschildert. An die Stelle der starren kirchlichen Tradition trat die lebensvolle Individualität, an die Stelle der alten Steifheit die malerische Wirkung. Es schwand der byzantinische raumlose Goldgrund, dagegen ward die Landschaft in das Bild eingeführt und nahm Besitz von dem Hintergrunde, wodurch dem Blicke erst gestattet ist, in die Tiefe und Weite zu dringen. Zugleich wurde statt einzelner Momente und Vorfälle der heiligen Schrift, statt einzelner Figuren von Heiligen, das Leben derselben, ihre Schicksale im Grossen und Ganzen zur Erscheinung gebracht. Um jedoch das volle reale Leben darzustellen, dazu erstrebten die Maler für ihre biblischen Vorwürfe nicht so sehr die treue Wiedergabe der vergangenen Zeit und Sitte in Form wie Ausdruck, sondern sie suchten dieselben der eigenen lebenden Generation so vor Augen zu bringen, wie sie die Gegenwart und die nächste Umgebung darboten. Indem die Künstler die heiligen Gegenstände dabei mit einer Tiefe und Innigkeit des Gefühls, sowie mit einer naturwüchsigen Frische und Naivetät auffassten und darstellten, machten sie dieselben vollends dem allgemeinen Verständniss zugänglich und verschafften ihnen die Sympathie des ganzen Volkes.

Nächst Italien, wo die Renaissance in Anlehnung an die Antike sich entwickelte, war es Flandern, welches jenem neuen realistischen Elemente den günstigsten Boden bereitete und die Kunst in kurzer Zeit zu einer nicht geahnten Blüthe brachte, so dass sie selbst auf Italien einen bedeutsamen Einfluss ausübte. Den ersten Schauplatz dieser Kunstrichtung bildeten die flandrischen Städte Brügge, Gent, Löwen, Tournay, Ypern, wo sich geordnete Gemeindeverhältnisse mit entwickeltem bürgerlichen Leben vereinigten. Fürst wie Bürger waren in Flandern von dem lebendigsten Kunstsinne beseelt und wetteiferten in Bethätigung desselben mit einander. Wenn auch die prunkliebenden

Herzöge von Burgund nicht in gleicher Weise, wie in Italien die Medici, Gonzaga und Este, die Malerkunst förderten, so trugen sie doch zur Bildung des Kunstgeschmackes dadurch wesentlich bei, dass sie mit ihrem Reichthum vor Allem die Kunstindustrie auf das Freigebigste unterstützten und namentlich Goldschmiede und Teppichwirker vielfach beschäftigten, mit deren Arbeiten sie ihre Paläste schmückten. Ihrem Beispiele folgten die Gemeinden oder auch einzelne Geschlechter, welchen durch den nach allen Weltgegenden sich ausbreitenden Handel reichliche Mittel zur Verfügung standen. Es kann daher nicht Wunder nehmen, dass dort auch die Maler sich alsbald heranbildeten, welche diese günstigen Verhältnisse auf das Beste zu benutzen suchten.

An der Spitze der realistischen Richtung in Flandern stehen die Gebrüder van Eyck, Hubert (1366—1426) und Jan (1395—1440) aus Maaseyck bei Mastricht. Indem Beide die Malerkunst in neue Bahnen lenkten, gaben sie, ohne hinsichtlich der Darstellung der religiösen Stoffe die alte Tradition zu verlassen, zunächst ihrem tiefen Gefühle für die Erscheinungen der Natur nach Individualisirung strebend Ausdruck; es entfaltete bei ihnen das wirkliche Leben einen Reichthum und einen Glanz, wie nirgend anders in den Leistungen der Kunst. Dabei walten durchweg in ihren Gemälden männlicher Ernst, geheimnissvolle Tiefe, kirchliche Majestät; schlichter Adel paart sich mit reiner Milde in den Gesichtern. Das Colorit zeichnet sich durch Frische und Klarheit, sowie durch Harmonie und Zartheit der vollen Farbentöne aus. Um aber ihre Kunst auf die erreichte Höhe zu erheben, dazu bedurfte es einer Vervollkommnung der Technik. Die Brüder van Eyck, denen bekanntlich die Erfindung der Oelmalerei beigemessen wird, sind die Ersten, welche in ihren Gemälden als Bindemittel das Lein- und Nussöl anwendeten, wodurch sie eine Flüssigkeit und Gluth der Farben bewirkten, die bisher die Temperamalerei nicht ermöglichte. Das grösste Werk der genannten Brüder ist der weltberühmte Altar in der Kirche St. Bavon zu Gent, «die Anbetung des Lammes», welcher von Hubert entworfen und begonnen, nach dessen Tode aber von Jan beendet ist.

Unter den Schülern und Nachfolgern der Gebrüder van Eyck war der bedeutendste Roger van der Weyden (1400—1464) aus Tournay. Derselbe pflanzte nicht nur die technischen Errungenschaften jener Meister fort, sondern es ward auch von ihm in weiterer Verfolgung des von den letzteren eingeschlagenen Weges die realistische Darstellung und Ausführung der Einzelnheiten, wiewohl bisweilen nicht ohne Härte, mit grosser Treue und Liebe erstrebt und selbst das Kleinste mit der höchsten Sorgfalt vollendet. Nicht minder wusste er die Naturalistik mit höherer Auffassung des Geistigen zu veredeln.

An Roger van der Weyden schliesst sich als sein berühmter Schüler Hans Memling an. Nur wenige grosse Künstler giebt es, über deren Lebensgeschichte noch immer ein solches Dunkel schwebt, wie über die Memlings. Seine Geburt sowohl, als seine Heimath ist ungewiss. Einige Kunstschriftsteller schreiben ihm einen deutschen Ursprung zu, indem sie ihn in Constanz oder Bremen geboren sein lassen. Diese Annahme stützt sich auch darauf, dass der Künstler in alten Urkunden kurzweg «Hans» oder «der duitsche Hans» heisst. Man hat sogar, wie man früher zwei Roger van der Weyden unterschied, auch zwei Memlinge unterscheiden wollen, und zwar einen deutschen und einen flamändischen, von denen der erstere in Oel, der letztere in Wasserfarben (mit Eiweisszusatz) gemalt habe, und es ist die Behauptung aufgestellt, dass mehrere Werke im St. Johannishospital zu Brügge, besonders der Ursulakasten, von dem letzteren herrührten. Selbst über seinen richtigen Namen war man bis vor nicht langer Zeit im Zweifel. Noch Schnaase in seinen «Niederländischen Briefen» 1834, Kugler in seinem «Handbuch der Geschichte der Malerei» 1837 und Hotho in seiner «Geschichte der deutschen und niederländischen Malerei» 1843 schreiben Hemling. Für die jetzt allgemein geltende Schreibart Memling (Memmelinghe, Memmelynck) trat vor Allen Waagen auf und stellte 1854 in dem Stuttgarter «Kunstblatte» die Gründe für dieselbe zusammen. Hiernach erscheint es als wahrscheinlich, dass erst durch den Kunstschriftsteller Descamps («La vie des peintres flamands, allemands et hollandais», Paris 1753) die unrichtige Schreibart Hemling aufgekommen sei, bis dahin aber immer der Name Memling bestanden habe. Die von Waagen angeführten Gründe haben später ihre Bestätigung erhalten zunächst durch eine von dem Canonicus Carton zu Brügge im Archiv der dortigen Academie aufgefundene und von ihm bekannt gemachte Urkunde, worin der Meister Jan van Memmelinghe genannt, als welcher 1483 einen Pascier van der Meersch zum Schüler aufgenommen habe; sodann begegnet man auch demselben Namen in einer Todtenliste der

Brügger Malercorporation*). Neuerdings ist diese vielfach ventilirte Frage durch Mr. Major in London definitiv entschieden worden. Derselbe hat nämlich entdeckt, dass auf einem venetianischen Duplicat der Weltkarte, die Fra Mauro für Heinrich den Schiffer gefertigt hat, das M. genau so, wie in der Inschrift auf dem alten Rahmen der «Vermählung der heiligen Catharina» geschrieben ist (И), welche Buchstabenform ursprünglich die byzantinisch-griechische war, die sich nach dem Fall von Constantinopel rasch über Europa verbreitete. Als Geburtsort unseres Malers giebt van Mander Brügge an, wofür auch die Zulassung desselben in das dortige St. Johannis-Hospital spricht, da in letzteres nur in Brügge geborene Personen aufgenommen worden sind. Sicher ist, dass Memling für dieses Hospital 1479 die noch daselbst befindliche ebenerwähnte «Vermählung der heiligen Catharina» gemalt hat. In demselben Jahre wurde er auch Mitglied der dortigen Lucasgilde. Als sein Geburtsjahr wird gewöhnlich 1425 angenommen, wahrscheinlich ist er jedoch später — etwa 1430 — geboren. Dass der Maler ferner in guten Vermögensverhältnissen lebte, geht daraus hervor, dass er 1480 in Brügge in der Strasse «over de Vlaminc brugghe», jetzt Sint Joorisstrate genannt, drei Häuser und ein Grundstück besass, sowie dass er in den städtischen Rechnungen jenes Jahres unter den 247 angesehenen Bürgern aufgezählt wird, welche der Stadt Geld zur Führung des Krieges zwischen Maximilian und Frankreich

---

*) Vgl. den Catalog des Museums zu Antwerpen vom Jahre 1857, Seite 37.

vorschossen*). Memling soll viel gereist sein, namentlich Deutschland, Frankreich und Italien besucht haben. Dass er jedoch in letzterem Lande gewesen sei, ist nicht recht glaubwürdig, denn weder Zeichnung, noch Modellirung weisen darauf hin. Auch enthalten seine landschaftlichen Hintergründe nirgends eine Spur von römischer Architectur; wogegen diese von seiner Anwesenheit am Rhein — Köln und Basel — manchen augenscheinlichen Beleg liefern, wie wir denn von keinem anderen Maler derselben Zeit u. A. ein so getreues Abbild des Kölner Domes (auf dem Ursulakasten) besitzen, und wie wir nicht selten auf seinen Gemälden an rheinische Gegenden und Berge erinnert werden. Memling starb nach einem sehr thätigen Künstlerleben im ersten Quartal des Jahres 1494**). Noch möge hier nicht unerwähnt bleiben die von älteren Schriftstellern erzählte Legende, dass der Maler im Heere Karl's des Kühnen die unglückliche Schlacht bei Nancy 1477 mitgemacht und sich als schwer verwundeter Kriegsmann mühsam nach seiner Heimathstadt Brügge geschleppt habe, wo er besinnungslos an der Pforte des Johannishospitals niedergesunken, von den Mönchen aufgehoben und gepflegt sei, für welche Wohlthat er aus Dankbarkeit nach seiner

---

*) W. H. James Weale, *Hans Memlinc; a notice of his life and works (printed for the Arundel-Society)*, London 1865, pag. 5, sowie eben desselben: *Hans Memlinc, zijn leven en zijne schilderwerken*, Brugge 1871, pag. 24—26.

**) Der freundlichen Mittheilung des erwähnten Mr. James Weale verdanke ich diese auf neuerdings von demselben aufgefundener archivalischer Quelle beruhende Todesangabe, während bisher der December 1495 als Zeit des Todes angenommen ward.

Genesung das Hospital mit seinen bewundernswerthen Werken geschmückt haben soll. Diese romanhafte Sage hat jedoch durch neuere archivalische Forschungen ihre Widerlegung gefunden.

Wenn gleich Memling nach selbstständiger Auffassung und Composition strebte, so blieb doch auf ihn, wie begreiflich, der Umstand nicht ohne Einfluss, dass es ihm vergönnt war, in die Fussstapfen seiner grossen Vorgänger zu treten, welche er nicht selten bei der Wiederkehr derselben biblischen Stoffe und Gestalten fast unbewusst und in gewisser Wahlverwandtschaft nachahmte. Denn keineswegs hat seine realistische Richtung es darauf abgesehen, von der vorherrschenden typischen Formenbildung sich völlig zu entfernen; nur in der Art, wie er darstellt und betont, ist er originell und lässt er seinen eigenen Genius sich frei entfalten. Dabei zeichnet sich sein Pinsel aus durch die delicateste, liebevollste und gewissenhafteste Ausführung im coloristischen Detail, verbunden mit ausserordentlichem Schmelz des Vortrages. Durch diese ihm eigenartige auf Naturstudium sich gründende, mit scharfem Auge das malerisch Stimmungsvolle in der Natur erfassende Kunst weiss der Meister sich in eine nicht so wohl sinnliche, als seelische Beziehung zu dem Beschauer zu setzen, bei welchem indess weniger der kalte Verstand als das warme Gefühl angeregt und ergriffen wird. Wenn die religiöse Kunst überhaupt, wie keine andere, das Aufgehen des ganzen Künstlers in ihr, die volle Hingabe des ganzen Menschen und vor Allem Religion verlangt, so erscheint Memling als ein ächter und wahrhafter Jünger derselben. Jedoch vorzüglich ist es die Innigkeit des Gemüths, welche im Verein mit der angeborenen

Grazie den Werken dieses frommen Malers eine unsagbare Wirkung verleiht; sie ist es, welche seine Gestalten formt, belebt und durchathmet. Mit Recht hat man daher Memling den übrigen Malern der flandrischen Schule gegenüber den «innigen» genannt. Wie kein anderer, zieht er sich zurück in seine innere Welt, er schliesst sich in ihr ein und erhebt sich und die mit ihm still Andächtigen durch sie; nichts von der äussern Welt dringt in dieses Heiligthum der Seele. Dabei bedarf es nicht erst eines weitläufigen Commentars, um Memlings einfache Kunst und seinen frommen Glauben zu erklären. Er stellt, was er darstellen will, mit der Reinheit der an Geist und Herz Einfältigen, mit dem naiven, unbefangenen Sinne eines Kindes dar. In seiner Seele besteht kein Gegensatz, und die heiligen Stoffe, welche er verkörpert, sind ihm volle Wahrheit. J. A. Crowe und G. B. Cavalcaselle*) characterisiren Memling seinen Vorgängern gegenüber treffend dahin: «Er besitzt nicht den gewaltigen Ernst Hubert's, auch nicht die gemessene würdevolle Kraft Jan van Eyck's; in der Tiefe des leidenschaftlichen Ausdrucks erreicht er niemals Roger van der Weyden; dagegen hat er nicht Seinesgleichen in der Wiedergabe holder Gemüthlichkeit und reiner Empfindungen. Er steht dadurch um so höher, als er alle Anregungen allein aus seiner eigenen Brust schöpfte.» Unter den italienischen Malern steht unserem Meister keiner näher, als der fast derselben Zeitperiode angehörige Fra Angelico da Fiesole. Diesem ist er

---

*) Geschichte der altniederländischen Malerei; deutsche Originalausgabe bearbeitet von Anton Springer. Leipzig 1875, Seite 324.

überhaupt in seiner ganzen Gefühlsweise, vornehmlich in der ächten hingebenden Gläubigkeit und in der Holdseligkeit und kindlichen Innigkeit der Empfindung sehr verwandt. Daher gelingen ihm auch vor allen die Frauengestalten in keuscher, naiver Anmuth.

Wie es Memling auf solche Weise beschieden war, in mancher Beziehung seine Lehrmeister selbst zu übertreffen, so offenbarte sich in ihm jener Realismus, welcher das Göttliche in der ganzen wahren Menschlichkeit ausprägt und begreift. Es galt, das Himmelreich die irdische Welt in reiner voller Harmonie durchdringen zu lassen. So schuf er mit eigenem Geiste und eigener Kraft jene köstlichen Meisterwerke, welche, so lange es eine Kunst geben wird, stets die allgemeine Bewunderung erregen werden.

Zu den hervorragendsten Schöpfungen Memlings gehören die «Vermählung der heiligen Catharina mit dem Christkinde» und der «Reliquienkasten der heiligen Ursula», beide in dem St. Johannishospital zu Brügge, das «jüngste Gericht» in der St. Marienkirche zu Danzig*) und der Lübecker Altarschrein im

---

*) Dieses in den Jahren 1470 und folgenden gefertigte Gemälde spielt auch in der politischen Geschichte eine gewisse Rolle. Als der Danziger Seeheld Paul Benecke, wie von dem Chronisten berichtet wird, mit dem von ihm befehligten «grossen Krawell» — Peter von Danzig —, welcher aus einem städtischen Orlogschiff nach dessen Verkauf an drei Danziger Handelsherren ein Kaperschiff geworden war, eine Flotte von Kauffahrteischiffen von Brügge in die Elbe zum Schutze gegen den «Merchant adventurer», wie die englischen Kaufleute genannt wurden, geleitete, nahm er im April 1473 nach heissem Kampfe angesichts der englischen Küste den «St. Thomas», eine in England

Dom, von welchen die beiden letzteren erst in neuerer Zeit diesem Künstler als seine ächten Werke restituirt worden sind.

Abgesehen von dem Umstande, dass durch den Bildersturm

erbaute und nach London bestimmte Galeyde. Zu deren kostbaren Ladung, welche grossentheils Eigenthum der mediceischen Agenten Portinari war und auf 60 000 Pfund geschätzt ward, gehörte auch jenes Memlingsche Bild. Die drei Danziger Schiffseigner des grossen Krawells behielten indess das erbeutete Kunstwerk nicht, sondern stifteten es als Mitglieder der St. Georgsbrüderschaft in frommem Sinne auf den Georgsaltar in der St. Marienkirche ihrer Vaterstadt, wo es sich noch augenblicklich befindet. Waren gleich wegen der widerrechtlichen Wegnahme der Galeyde sowohl von Seiten des Herzogs von Burgund, dessen Flagge das Schiff geführt hatte, als von Seiten der Florentiner Kaufleute selbst gegen den Danziger Rath gerichtliche Massnahmen ergriffen und hatte sogar der Papst Sixtus IV. durch Erlass einer Bulle sich eingemischt, so kam diese Streitsache doch später unter grösseren Dingen in Vergessenheit. Im Uebrigen trug Benecke's « deutsche männliche That », wie der Chronist sie rühmt, ein nicht Geringes dazu bei, dass zwischen der Hansa und England bald darauf Friedensunterhandlungen eingeleitet wurden, welche im Februar 1474 zu Utrecht ihren Abschluss fanden.

Dem Lübecker Dombilde steht ein solches romantisches und in die Geschichte eingreifendes Schicksal nicht zur Seite. Dasselbe sah sich durch Piraten seinem rechtmässigen Eigner nicht entzogen, vielmehr wurde es auf ganz alltägliche Weise durch einen gesetzmässig abgeschlossenen Kaufhandel erworben und der wohlgewonnene Besitz nicht gestört.

Kunstforscher, wie Waagen, Passavant, Hotho, haben das Danziger Weltgericht als zweifellos dem Memling zugesprochen. Neuerdings sind jedoch bei Schnaase (Geschichte der bildenden Künste Bd. VIII. Abth. 1, nach dessen Tode von W. Lübke herausgegeben, Seite 259 ff.) Bedenken entstanden, diesem Ausspruche beizupflichten; derselbe gesteht aber zugleich, dass er keinen anderen Namen an Stelle Memlings zu setzen vermöge und es allerdings auffallend sein würde, dass kein zweites Bild eines so bedeutenden Meisters der altflandrischen Schule, wenn dieser nicht Memling wäre, bekannt sein sollte.

und die Religionskriege mit einer grossen Zahl von Kunstwerken auch die Namen ihrer Urheber untergegangen sind, war es überhaupt im Mittelalter vor Allem das Kunsterzeugniss als solches, dessen Meisterschaft eine allgemeine Bewunderung von den Zeitgenossen gezollt wurde. Indem in der Regel die Werke von einer Zunft oder Bauhütte ihren Ursprung nahmen, war die mittelalterliche Kunst inpersonell. Man fragte weniger nach dem Namen des einzelnen Künstlers, wie denn die Namen vieler derzeitigen Meister, u. A. der Schulen zu Köln und Kalkar bis auf die neueste Zeit uns fast gänzlich unbekannt geblieben sind, und wie es sich ähnlich auch mit dem Volksliede verhält, in welchem uns ebenfalls ein nicht gering zu achtender Schatz erhalten ist. So ist es begreiflich, dass der Name des Schöpfers des Lübecker Domaltars, dessen Heimath und Schule man allerdings kannte, sich nicht in weitere Kreise verbreitete. Dem etwa 50 Jahre nach dem Tode Memlings lebenden niederländischen Kunstschriftsteller van Mander war bereits dieser Name, dessen er bloss unter dem grossen Haufen der «verscheyden Schilders» gedenkt, in den Hintergrund gerückt. Dass derselbe aber im Laufe der Jahrhunderte vollends spurlos verschwand, konnte namentlich in dem vorliegenden Falle leicht eintreten, wo das Gemälde in die weite Ferne entführt ward. Um so weniger darf dies Wunder nehmen, als später das Altarbild in der Handelsstadt Lübeck, welche dem täglichen Erwerbe nachgehend in der für die Kunst in Deutschland trübsten Zeit auch ihren früheren regen Kunstsinn fast gänzlich verloren hatte, lediglich ein Gegenstand religiöser Erbauung wurde. Erst in der jüngsten Vergangenheit, welcher wir die eifrige wie erfolgreiche Erforschung der Kunstgeschichte verdanken, ist das künstlerische Moment wieder in den Vordergrund getreten und damit auch das Streben, den Namen des grossen Meisters zu kennen, erwacht. Nachdem manche Kunstgelehrte jenes Bild prüfender Untersuchung unterzogen und auf einen altdeutschen oder altniederländischen Maler hingeführt haben (C. F. von Rumohr muthmasste als solchen anfänglich Hans Holbein den Vater, hernach Memling), bezeichnete zuerst der gründliche Kenner der van Eyckschen Schule, G. F. Waagen, als den Urheber des Bildes den Brüggeschen Maler Hans Memling. Diese Bezeichnung ist, nachdem auch F. Kugler, J. D. Passavant, E. Förster, J. A. Crowe und G. B. Cavalcaselle sowie C. Schnaase sich solchem Urtheile angeschlossen haben, gegenwärtig keinem Zweifel unterworfen.

Bestätigt finden wir dies namentlich auch durch die, eine mit dem Dombilde vor allen anderen gleiche Darstellungs- und Ausführungsweise bekundenden und als ein Werk Memlings beglaubigten «sieben Freuden Mariä» in der Münchener alten Pinakothek. Eine noch grössere Uebereinstimmung tritt in den «sieben Leiden Mariä» dieses Künstlers in dem Turiner Museum hervor, in welchem die dargestellten einzelnen Scenen grösstentheils sogar die nämlichen sind. Insonderheit aber lässt eine Vergleichung mit der «Kreuztragung und Auferstehung» Memlings in der Wiener Belvedere-Gallerie (Nr. 82, 2. Stockwerk, Saal I) nicht verkennen, dass dieses in kleinem Massstabe hergestellte Gemälde und unser Dombild, von welchem es als eine Skizze anzusehen ist, offensichtlich von der Hand desselben

Meisters herrühren; wie denn weiter auch durch unser Dombild ausser Zweifel gesetzt wird, dass die «Kreuzabnahme» im Belvedere (Nr. 12 im 2. Stockwerke, Saal II) für ein ausgezeichnetes Werk nicht des Jan van Eyck, sondern ebenfalls des Hans Memling gehalten werden muss.

Ueber die Zeit, wann unser Altarbild gemalt ist, giebt letzteres selbst die beste Auskunft. Auf der Einfassung unter dem Mittel- und Hauptbilde befindet sich nämlich die Jahreszahl 1491 in den ersichtlich ursprünglichen Charakteren der spätesten gothischen Schriftart. Der Lübecker Altarschrein gehört sonach zu den letzten von Memling uns bekannt gewordenen Werken.

Ehe wir indessen der Frage näher treten, wie kam das Altarbild nach Lübeck? haben wir einen Blick auf die Stellung und die Beziehungen Lübecks zu Flandern, insbesondere zu Brügge, zu werfen.

Zu den Städten, welche vormals die Hansa sich für ihre Waaren zum Stapelplatz erkor, gehörte bekanntlich Brügge. Dort ward im Anfange des vierzehnten Jahrhunderts eine ansehnliche hansische Niederlassung (Kontor) errichtet, welche unter Bewahrung des Zusammenhangs mit der Heimath eine geschlossene und selbstständige Einheit der Kaufleute bildete und manche bedeutende Freiheiten und Privilegien, u. A. auch eine eigene Gerichtsbarkeit, erwarb und in dem grossen Oesterischen Hause bis zur Verlegung nach Antwerpen im Jahre 1545 ihren Sitz hatte. Lübeck, als Haupt der Hansa, trat mit jener Stadt in die engste Verbindung und ging lange Zeit dahin die wichtigste und ausgiebigste aller seiner Handelsrichtungen. Brügge stand damals durch seinen auf den Norden sowohl, als Süden, sowie auf die Levante sich erstreckenden und hier selbst mit Venedig concurrirenden Handel und Gewerbfleiss als Weltmarkt und Hauptemporium des westlichen Europas in seiner vollen Blüthe und wurde nach dem Urtheil des Aeneas Sylvius (hernach Papst Pius II.) unter die drei schönsten und reichsten Städte unseres Welttheils gezählt. Daher ward denn auch Brügge von manchen Fürsten für ihre Festlichkeiten zur Erhöhung der Pracht derselben gewählt. So veranstaltete Karl der Kühne dort die Feier seiner Hochzeit. Hiervon giebt nicht minder Zeugniss der Empfang, der Seitens dieser Stadt dem Könige von Frankreich, Philipp dem Schönen, bereitet ward, welchem sie jene Privilegien, die ihr zu ihrer Machtentwicklung verhalfen, hauptsächlich zu verdanken hatte. Bei dieser Gelegenheit trugen, wie berichtet wird, die Frauen Brügges, welche dem Einzuge von den Estraden zuschauten und welche bekanntlich den Ruf besonderer Schönheit genossen[*], so reiche Gewänder und so seltene Geschmeide, dass Johanna von Navarra vor Unwillen und Neid zu dem Ausrufe sich bewogen fand: «Ich glaubte allein Königin von Frankreich zu sein, aber ich sehe deren sechshundert über mir!» Noch heute lässt Brügge, welches jedoch kaum mehr den dritten Theil seiner früheren Einwohnerzahl enthält, in seinen Gebäuden das ursprüngliche mittelalterliche Gepräge erkennen und zeigt gleichwie

---

[*] U. A. heisst es von Brügge in einem Lobgedichte des Janus Lernutius:
 «Nec levis a sexu laus est tibi foemineo, urbes
 Excipit ante alias te sibi diva Venus.»
Vgl. Antonii Sanderi Flandria illustrata. Hagae-Comitum 1735. Tom. II pag. 150.

Lübeck viele Spuren seiner grossen Vergangenheit. Aber auch sonst findet sich manches Verwandte zwischen beiden Städten. Seit den ältesten Zeiten ist die Bevölkerung Brügges, deren Selbstbewusstsein und Freiheitssinn sie häufig gegen die fürstliche Herrschaft sich auflehnen liessen, in ihren Anschauungen und Einrichtungen republikanisch, und ein eigentlicher Feudaladel hat dort niemals festen Boden gewinnen können.

Wenngleich der Hansabund in erster Linie zur Förderung der materiellen Zwecke gestiftet war und im Laufe der Jahrhunderte durch den Handel ein allgemeiner Wohlstand unter dem Bürgerthum, ja ein bisher nicht gekannter Reichthum und Luxus erzeugt wurden, so wirkte der Bund doch auch auf die geistige Entwicklung des deutschen Volkes, wie des ganzen europäischen Nordens, ersichtlich ein, und es wird ihm daher mit Recht eine grosse kulturgeschichtliche Bedeutung beigelegt. Namentlich auf dem Gebiete der bildenden Künste entfaltete sich in den reichen und mächtigen Hansestädten eine rege und erfolgreiche Thätigkeit, welche zunächst aus der Neigung, in Benutzung der zu Gebote stehenden bedeutenden Mittel das Leben zu verschönern und zu veredeln, entsprang. Dazu gesellten sich ächter Bürgersinn und Opferwilligkeit, nicht minder vielleicht hier und da der Wunsch, auch äusserlich zu zeigen, welchen Reichthum der Handel gebracht, so dass in der That ein Wetteifer unter den Mitbürgern in dieser Hinsicht hervorgerufen wurde. Wir bewundern noch jetzt die uns erhaltenen grossartigen Schöpfungen der Architectur sowohl, als der Malerei in Kirchen und Profanbauten. So hat insbesondere auch das Hansahaupt Lübeck sich an diesen künstlerischen Bestrebungen auf's Lebhafteste betheiligt. Dadurch aber, dass seine Kaufleute, wie bereits oben bemerkt, in den innigsten persönlichen Verkehr mit den flandrischen Städten, vor allen Brügge, traten, wurde ihre Kunstliebe wesentlich genährt und gefördert. Zur Blüthezeit Brügges kamen auch die Künstler zahlreich dahin, sicher, nicht nur Sympathie und Anerkennung für ihre Werke, sondern auch lohnenden Erwerb durch dieselben dort zu finden. Brügge ward so der Centralpunkt, von wo die flandrische Kunst ausstrahlte. Die Lübeckischen in Brügge ansässigen Kaufherren wurden ebenfalls, wie begreiflich, mit den dortigen Meistern und ihren Erzeugnissen näher bekannt und es entstand in ihnen nur zu natürlich der lebhafte Wunsch, auch ihrer Heimath solche Kunstwerke zuzuführen.

Zu den angesehensten Lübeckischen Geschlechtern zählte im fünfzehnten und sechszehnten Jahrhundert das längst erloschene Geschlecht der Greverade, das ursprünglich vom Rheine stammte und aus der Stadt Gräfrath, wonach es auch seinen — vordem überhaupt häufig von dem Orte der Herkunft entlehnten — Namen führte, eingewandert war. Ein Sprössling dieser Patricierfamilie war Hinrich Greverade, welcher, wie manche andere begüterte Lübecker Bürger, sich durch gottesfürchtige Werke auszeichnete und um seine Vaterstadt durch Errichtung von zum Theil in derselben noch heute vorhandenen milden Stiftungen verdient machte. So schenkte dieser 1455 der kurz vorher gebildeten St. Antonii-Brüderschaft des Burgklosters siebenzig Mark und stiftete in Gemeinschaft mit mehreren anderen Patriciern in der Rathskapelle der St. Marienkirche eine ewige Messe. Dem Vater standen im frommen und gemeinnützigen Wetteifer seine beiden Söhne Adolph und Heinrich Greverade nicht nach. Ersterer, Adolph, hatte sich dem geistlichen Stande gewidmet und war, bevor er im Jahre 1497 zum Canonicus beim Lübecker Domcapitel ernannt wurde, eine Zeit lang Presbyter in der flandrischen Stadt Löwen, woselbst er 1501 gestorben ist. Wenn ihm gleich von dem Papste Alexander VI., welchem er, wie berichtet wird, «wegen seines ehrbaren Lebenswandels und seiner Sittenreinheit, sowie wegen seiner Rechtschaffenheit und anderer Tugenden»[*]) besonders empfohlen worden war, das durch die Resignation des Domherrn Aegidius von Platen erledigte Canonicat übertragen wurde, so erscheint es hiernach doch sehr zweifelhaft, dass er je wieder in seiner Heimath seine Residenz als Domherr genommen habe. Letzterer, Heinrich, dagegen war ein reicher Kaufherr, welcher namentlich mit dem hansischen Kontor zu Brügge in enger Handelsbeziehung stand und diesen Hauptstapelplatz nicht nur häufiger besuchte, sondern zeitweise auch seinen Wohnsitz dort hatte[**]). Auch wird derselbe uns als Inhaber einer schon damals bestehenden Lübecker Wechsel- und Girobank genannt, wie denn urkundlich von Brügge aus das Wechselgeschäft in Lübeck, welches hernach als Wechselplatz eine grosse Bedeutung für den ganzen Norden gewann, Eingang gefunden hat[***]). Heinrich Greve-

---

[*]) «de vitae ac morum honestate aliisque probitatis et virtutum meritis.»

[**]) Von Mr. James Weale ist mir bestätigt, dass der Name Greverade, als in Brügge um jene Zeit vorkommend, ihm mehrfach in dortigen Urkunden begegnet ist.

[***]) Vgl. Hansische Geschichtsblätter. Leipzig, Jahrgang 1872, Seite 207.

rade war mit der Tochter des Patriciers und Rathsherrn Bere, Erbherrn auf Steinrade und Eckhorst, verheirathet und wurde ähnlich wie sein Bruder ausserhalb seiner Vaterstadt, auf einer Reise nach Rom bereits 1500 unweit von dieser Stadt zu Viterbo durch einen plötzlichen Tod dahingerafft; seine Leiche ward in der ewigen Stadt beerdigt. Einen Theil seines sehr bedeutenden Vermögens verwandte er nicht nur dazu, dass er 1497 ein Haus in der Königstrasse (an der Ecke der Hüxstrasse Nr. 869) kaufte, welches er für die Angehörigen und Freunde seiner Familie unter dem Namen des Greveraden-Compagniehauses zum Versammlungslocal bestimmte, sondern auch dazu, dass er in Verbindung mit seinen Freunden Heinrich Castorp und Hans Pawels in der St. Marienkirche eine Brüderschaft stiftete, deren Mitglieder in der schon früher im Jahre 1493 von ihm und seinem Bruder Adolph gegründeten Greveradenkapelle (zum heiligen Kreuz) sich alljährlich am 2. Februar zur gemeinsamen Andacht vereinigten und hierauf mit ihren Frauen im Greveraden-Compagniehause ein fröhliches Mahl mit einander einnahmen.

Die bedeutendste Stiftung ist aber eine von dem älteren Bruder, dem an seine Vaterstadt mit vieler Liebe hängenden Domherrn Adolph Greverade, in seinem letzten Willen vom Jahre 1501 verordnete und mit sechshundert Lübischen Mark Hauptstuhls dotirte Vicarie in der im Dom an der Nordseite belegenen und der heiligen Maria geweihten Kapelle, welche noch heute ebenfalls Greveradenkapelle heisst[*]). Die Vicarie wurde

---

*) Ueber dem Eingang der Kapelle nach der Kirche zu, der jetzt im Zopfstyl gehalten ist und an dem eine Reihe von Messingsäulchen aus älterer

auf den Antrag der von dem Erblasser eingesetzten Testamentarien, zu welchen auch sein Brudersohn Heinrich Greverade gehörte, durch den Bischof Theodorich mittelst Urkunde vom 30. April 1504 bestätigt, wobei der Familie Greverade bis zum sechsten Grade das Recht der Ernennung des Vicars zugesichert ward. Dadurch, dass diese Vicarie von den Testamentarien mit dem in der Kapelle aufgestellten Kreuzaltar Memlings ausgestattet ward, erhielt sie den grössten Kunstschatz, welchen seitdem die Mauern Lübecks bergen, und welcher, wenn seiner in den alten Stadt- und Kirchenbüchern Erwähnung geschieht, stets kurzweg als «die schöne Tafel» («de schone tafele») bezeichnet wird. Da die in dem Altarbilde dargestellten vier Heiligen: Johannes der Täufer, Hieronymus, Blasius und Aegidius ebendieselben sind, zu deren Ehren von Adolph Greverade laut seines Testamentes die Vicarie gestiftet ist, und welche auch in der Bestätigungsurkunde des Bischofs Theodorich benannt werden*),

Zeit angebracht sind, ist das — leider weiss überstrichene — Wappen der Familie Greverade zu sehen, welches von zwei Kränzen und einer darunter befindlichen Rose gebildet wird und dessen Schild von einer Krone bedeckt ist.

*) In der Urkunde heisst es: «Quod ad Dei optimi maximique laudem, rerumque divinarum incrementum, nec non animae propriae suorumque majorum et futurorum heredum atque universorum fidelium salutem, ex bonis sibi supremi clementia misericorditer concessis quandam novam perpetuam et sine cura vicariam sub titulo salutiferae crucis sanctorumque Johannis Baptistae, Hieronymi, Blasii atque Egidii, martyrum et confessorum in dicta nostra ecclesia ad altare capellae, in honorem beatae Mariae virginis gloriosae ac omnium sanctorum constructae et fundatae in latere boreali ecclesiae nostrae sitae dotandam, erigendam et de novo constituendam, ut moriens testamento optavit, sexingentas marcas lubicenses assignandoque ad eandem obtulit.»

so ist der zwischen Bild und Vicarie bestehende Connex augenfällig und erweist sich uns nach Jahrhunderten noch als ein bedeutsam für sich selbst redendes Ursprungszeugniss, welches den inneren Gründen, die das Altarwerk keinem anderen Maler als Memling zusprechen, auf das Ueberzeugendste zur Seite tritt. Wir wollen es dabei dahin gestellt sein lassen, ob im fraglichen Falle erst die Vicarie gestiftet und dann das Bild bestellt ward, oder ob das Bild von dem Stifter zum Altar bestimmt und den auf demselben dargestellten vier Heiligen eine Vicarie gewidmet ward. Die letztere Alternative ist im Hinblick auf die vorliegenden urkundlichen Daten jedenfalls die wahrscheinlichere. Anzunehmen ist, dass Adolph Greverade schon längere Zeit vor seinem Tode (1501) den Plan einer solchen Stiftung fasste. In Gemeinschaft mit seinem jüngeren Bruder Heinrich wurde von ihm der damals berühmteste Maler Memling, dessen Werke sie in Brügge zu bewundern Gelegenheit hatten, mit der Anfertigung des dem Jahre 1491 entstammenden Altarbildes beauftragt. Auch erscheint es nicht unwahrscheinlich, dass die beiden Brüder Greverade, deren Kunstliebe und Opfersinne die Nachwelt dieses treffliche Kunstwerk zu danken hat, mit dem Brügger Meister in persönliche Beziehung traten. Gleichwie der berühmte Genter Altar der Gebrüder van Eyck seine Entstehung den Patricierfamilien der Vyts und Burluts in Gent verdankt, so gebührt der Patricierfamilie Greverade in Lübeck der Ruhm, dass Memlings Altarbild im dortigen Dom sich befindet. Diese Stifter erkannten fürwahr, dass sie dadurch ihren Tagen das schönste Denkmal setzten.

Das umfangreiche Altarwerk des Hans Memling ist ein doppeltes Triptychon und besteht aus doppelten aussen und innen bemalten Flügelthüren und neun einzelnen Tafeln; es enthält auf denselben mehr als 200 Figuren in den verschiedensten Grössen*). Ist der Schrein geschlossen, so erblicken wir auf den Aussenthüren des ersten Flügelpaares die «Verkündigung», nämlich links**) den Engel, rechts Maria. Werden diese äusseren Flügel geöffnet, so zeigen sich auf den vier doppelt gegliederten inneren Thürblättern vier Heilige, von denen Blasius links und Aegidius rechts die Rückseite des ersten Flügelpaares, dagegen Johannes links und Hieronymus rechts die Aussenseite des zweiten Flügelpaares einnehmen. Nachdem auch diese Flügelthüren aufgeschlagen sind, wird das Innerste des Altarschreines sichtbar, welches auf drei Tafeln das Hauptwerk, die Passionsgeschichte Christi, darstellt und zwar auf dem Mittelbilde die «Kreuzigung», auf den beiden Flügeln — Rückseite des zweiten Flügelpaares — links die

---

*) Von diesem Altarbilde giebt es mehrere Nachbildungen. Die erste in Steindruck fertigten in Anlass und Unterstützung von C. F. von Rumohr 1825 zu Hamburg C. J. Milde und Erwin und Otto Speckter. Dieselbe war auf 3 Hefte mit je 3 Blättern angelegt, von denen jedoch das dritte und letzte Heft, welches Umrisse der Aussenseite der Thürflügel, die würfelnden Krieger im Mittelbilde und die am Grabe schlafende Wache auf dem inneren rechten Flügel enthalten sollte, nie an das Licht getreten ist. Sodann erschien 1868 eine Photographie des Werkes von J. Nöhring zu Lübeck in 10 Blättern. Die letzte Publikation ging 1878 von der Arundel-Society in London aus, welche eine Chromolithographie des Altargemäldes in 5 Blättern nach den Copien von C. Schultz veranstaltete (drawn and chromolith[d] by C. Schultz, printed by Hangard-Maugé and Lemercier & Co. Paris).

**) Die Bezeichnungen: links und rechts sind nicht nach heraldischem Gebrauche vom Bilde aus, sondern immer vom Standpunkte des Beschauers genommen.

«Kreuztragung», rechts die «Grablegung» und «Auferstehung» des Erlösers. Sämmtliche einzelne Tafeln sind ohne Einfassung 2 Meter hoch und 64 Centimeter breit mit Ausnahme des Mittelbildes, welches 1 Meter 47 Centimeter in der Breite misst. Wir beginnen mit der näheren Betrachtung des Altarwerks und finden auf den Aussenflügeln zunächst dargestellt

die Verkündigung

oder «den englischen Gruss», wie letztere Bezeichnung früher hierfür gebräuchlicher war, in dreiviertel Lebensgrösse der Figuren. Nach der Erzählung des Evangelisten Lucas erscheint der von Gott gesendete Erzengel Gabriel zu Nazareth vor Maria, welcher sie mit den Worten anredet: «Gegrüsst seist Du, Holdselige, der Herr ist mit Dir, Du Gebenedeite unter den Weibern!» und der über die Erscheinung Erschrockenen mittheilt, dass sie Gnade bei Gott gefunden habe und dazu auserkoren sei, die Mutter des Heilandes zu werden. Der Engel ist hier nicht, wie sonst häufig, herabschwebend und auf ein Knie vor der Muttergottes niedersinkend, sondern in aufrechter Stellung und ihr zuschreitend, die Rechte zum Grusse erhebend und in der Linken das Scepter haltend, als Abgesandter des Königs der Könige dargestellt. Die dem Engel gegenüber stehende Maria mit glattgescheiteltem und herabhängendem Haare vernimmt gesenkten Blickes in aller jungfräulichen Bescheidenheit und Demuth die ihr verkündigte Gnadenbotschaft. Sie hat die Linke auf ihre Brust gelegt und hält in der Rechten das Gebetbuch. Zu ihren Füssen blüht eine Lilie und über ihrem Haupte schwebt die Taube, als das Symbol des heiligen Geistes, der über sie kommen wird.

Nach Oeffnung der Aussenflügel zeigen die Innenseiten des ersten Flügelpaars und die Aussenseiten des zweiten Flügelpaars in statuarischer Nebeneinanderstellung

die vier Heiligen,

als die Schutzpatrone des Stifters, stattliche und würdige Gestalten in Lebensgrösse, welche in nachstehender Weise von links nach rechts sich folgen.

1) St. Blasius erscheint in reich verziertem braunrothem Messornate, auf dessen Saum vorn die Figuren des Erlösers und der Evangelisten in Miniatur abgebildet sind. Er hält in der Rechten den prachtvollen Bischofsstab, in der Linken eine brennende Kerze. Zu seinen Füssen liegt eine Hechel.

2) St. Johannes der Täufer ist, in einen bis auf die Erde fallenden braunen Mantel gehüllt, mit nackten Beinen dargestellt. An seiner linken Seite steht das Lamm Gottes, auf welches er mit der Rechten bedeutungsvoll hinweist.

3) St. Hieronymus, in dem rothen, jedoch an den Aermeln grünen Costüme eines Cardinals mit dem niedrigen breitkrämpigen ebenfalls rothen Hute ist, den Kopf etwas senkend, damit beschäftigt, dem zu seiner Rechten liegenden Löwen aus der von diesem emporgehaltenen Tatze den Dorn mit einer Zange herauszuziehen.

4) St. Aegidius in graugrünem Gewande hält in seiner Rechten einen kunstvoll gearbeiteten Abtstab — ein Pendant zu dem auf dem anderen Ende befindlichen Krummstab des St. Blasius — und stützt seine linke Hand, in welche ein Pfeil einzudringen im Begriff ist, auf eine Hirschkuh, gleichsam sein Wappenthier.

Die Architectur, welche hinter allen vier Heiligen zusammenhängt, zeigt uns eine Klosterhalle mit Fenstern.

Die abermalige Oeffnung der zweiten Flügelthüren bereitet durch diesen Vorhof nunmehr den Zugang in das Heiligste und führt den Beschauer geweihten und gesammelten Gemüths ein in das Hauptwerk, die Passion, welche in drei und zwanzig verschiedenen Scenen — vom Oelberg bis zur Himmelfahrt — dargestellt ist.

Der linke Flügel, in dessen Vorgrunde wir

die Kreuztragung

erblicken, beginnt die geschilderten Begebenheiten aus der Leidensgeschichte des Erlösers, welche von dem Maler gar sinnreich und hier und dort den Räumlichkeiten angemessen vertheilt sind, oben links am Horizonte und äussersten Rande des Bildes mit dem Gebete am Oelberge, wo Christus kniend Gott anfleht, dass der (von dem Künstler in Wirklichkeit dargestellte) Kelch, wenn möglich, von ihm gehen möge, während seine Jünger Petrus, Jacobus und Johannes schlafend um ihn liegen. Am Fusse des Berges zieht die Schaar der Diener der Hohenpriester und Aeltesten nebst Kriegsknechten heran mit Waffen, sowie mit Fackeln und Lampen, um Jesus zu fangen; in ihrer Mitte Judas Ischarioth, welcher sich dem Herrn naht und ihn durch einen Kuss verräth. Petrus, voll heiligen Eifers das Schwert ziehend, schlägt dem Knechte des Hohenpriesters, Malchus, das Ohr ab. Ein dem Herrn nach der Flucht der Jünger folgender, nur mit Leinwand bekleideter Jüngling entzieht sich, seine Umhüllung zurücklassend, dem Verfolger. Die Landschaft, in der diese

Scenen sich zutragen, wird durch die Ringmauern Jerusalems, in welches wir gleichsam von oben hineinblicken, begrenzt; eine gerade Hauptstrasse der Stadt mit hohen Giebelhäusern führt abwärts bis in den Mittelgrund des Bildes. Oben durch das Thor einziehend, bringt die Schaar den gefangenen Christus und geleitet ihn in den Palast des Hohenpriesters Kaiphas. Vor demselben wird die Verleugnung Christi durch Petrus dargestellt, mit welchem die in der Thür stehende Magd spricht, während hinten aus dem Innern drei an einem Kohlenfeuer sich wärmende Kriegsknechte hervorschimmern. In Verbindung damit bemerken wir in der Mauernische eines nahen Thurms den krähenden Hahn. Unterhalb erscheint wieder der reuige Jünger, wie er herausgegangen bitterlich weint. Auf der anderen, rechten, Seite der Strasse wird Jesus darauf in das Richthaus des römischen Landpflegers Pontius Pilatus geführt und diesem überantwortet, damit er ihn kreuzige. Hier sehen wir, wie der Herr gegeisselt, vom Volke verspottet und die Dornenkrone ihm auf's Haupt gesetzt wird. Pilatus aber tritt weiter nach vorn heraus zum Volke mit der Erklärung, dass er keine Ursache des Todes an Jesu finde, und wäscht zum Zeichen, dass er unschuldig an dem Blute des Gerechten sei, sich die Hände. Wieder aus dem Richthause weggeführt, wird der an den Händen gebundene Heiland von der schmähenden und das «Kreuzige!» über ihn schreienden Menge in Empfang genommen. Im Anschlusse daran kommt im Vorgrunde endlich die Haupthandlung mit lebensgrossen Figuren zur Anschauung und gipfelt das Ganze hier in der «Kreuztragung». Aus dem Thore Jerusalems bewegt sich der Zug des Hohenpriesters Kaiphas und der Krieger zu Pferde und zu Fuss mit dem dorngekrönten, das Kreuz tragenden Christus vorüber gen Golgatha. Trauernden Blickes hilft letzterem Simon von Cyrene und erleichtert ihm, mit kräftigen Armen den Kreuzesstamm fassend, die schwere Last, während ein vorauf schreitender roher Henkersknecht den Dulder an einem um dessen Leib geschlungenen Strick gewaltsam nach sich zieht. Voran im Zuge erblicken wir die beiden Schächer, — dieselben Gesichter mit dunklem und blondem Haar, wie auf «der Kreuzigung». Am Wege knieet links in der Mauerecke der verehrende Stifter des Bildes, Adolph Greverade, in dem schwarzen Gewande eines Canonicus. In dieses tief erschütternde Ereigniss flocht der Maler mit jenem Humor, welcher uns häufig in der Kunst des Mittelalters, selbst bei den heiligsten Vorwürfen, begegnet und als Mittel zur Erzielung einer drastischen Wirkung von den Künstlern zur Hand genommen wird, — wie wir Aehnliches auch im Mittelbilde sehen — eine höchst komische Episode ein, die zwischen einem Bologneser Hündchen und einem am Wege sitzenden Frosch spielt, welche einander mit einer gewissen Unruhe betrachten, um demnächst zum Angriffe überzugehen. Indem der Maler auf solche Weise in die niedrigste Sphäre der Erscheinungswelt hinabsteigt, welche theilnahmlos und unbekümmert um das, was sich Grosses um sie zuträgt, ihren eigenen Weg geht, weist er zugleich hin auf die unvernünftigen Thiere, die sich ebenfalls befeinden und verfolgen.

Das Mittelbild — eine reiche Composition von fünf und dreissig Figuren — ist der

❋ 33 ❋

Kreuzigung*)

gewidmet. Es beschäftigt sich ausschliesslich mit der alle von den vier Evangelisten gebotenen Motive in ein Moment zusammenfassenden Darstellung dieser Hauptaufgabe Memlings und unterscheidet durch solche einheitliche Auffassung sich von den umgebenden Flügeln, die viele voraufgehende und nachfolgende Scenen enthalten.

Finsterniss bedeckt den Himmel sowie das im Hintergrunde sich ausbreitende Jerusalem und die umliegende Landschaft. Auf Golgatha ist am Kreuze Christus in der Mitte der beiden Schächer so eben verschieden. Aus einer den Kreuzesstamm unmittelbar umgebenden Reitergruppe richten zwei geharnischte Krieger, um sich von seinem Tode zu überzeugen, die Lanze auf den Erlöser und öffnen ihm damit die rechte Seite. Hierüber brechen die mit ihrem Herrn aus Galiläa gekommenen heiligen Frauen in den tiefsten Schmerz aus, welcher in Thränen und Händeringen, bei der einen — Maria, des jüngeren Jacobi Mutter — in stiller Wehmuth, bei den anderen — Maria Magdalena und Salome — in leidenschaftlichem Ausbruche der Verzweiflung sich äussert. Die im Vorgrunde links zusammengesunkene Mutter Christi wird von dem Jünger Johannes und ihrer Schwester Maria gestützt. Von den unter dem Kreuze stehenden Zuschauern fallen uns besonders drei kräftige characteristische Gestalten am Bildrande auf, welche mehrfach nach ihren eigenthümlichen Gesichtszügen als

---

*) Eine sehr gelungene Copie derselben von Carl Oesterley junior befindet sich in dem Provinzial-Museum zu Hannover.

Gaedertz, Memling.

Familienglieder vom Hause Burgund oder Habsburg gedeutet sind*), in denen wir, gleichwie in den heiligen Weibern, jedenfalls dem Maler zeitgenössische Portraitfiguren zu erblicken haben. Auf der anderen Seite des Kreuzes hält zu Pferde der römische Hauptmann, eine ächt ritterliche Gestalt, und macht mit emporgehobener Rechten die Umstehenden, unter denen wir wieder den Physiognomien der bei der Kreuzestragung bemerkten Personen, namentlich des Hohenpriesters Kaiphas und mehrerer Kriegsknechte, begegnen, auf das grosse welterlösende Ereigniss aufmerksam, der auch in ihnen sich Bahn brechenden Ueberzeugung, dass der Entseelte ein frommer Mensch und Gottes Sohn gewesen, Ausdruck verleihend. Im schroffen Gegensatze zu dem Ende des Heilands und dem Schmerze der Weiber sehen wir rechts im Vorgrunde eine Gruppe von vier rohen Kriegsknechten, welche gleichgültig gegen das um sie Vorgehende das Loos über die Kleider des Herrn werfen. Die ganze letztere Scene lässt der Maler in dem glänzenden Harnisch des zuschauenden, über sie gebeugten Kriegers widerspiegeln. Im Uebrigen gewahren wir auch hier zur Steigerung der Actualität wieder ein in die Empfindungen des Beschauers tief einschneidendes humoristisches Moment. Unterhalb des guten Schächers hat nämlich ein hoch zu Ross sitzender Narr, der ein buntes Gewand sowie eine Kappe mit Eselsohren trägt, einen Affen hinter sich auf dem

---

*) C. F. von Rumohr glaubte darin Mitglieder des angesehenen Lübeckischen Geschlechts der von Brömbsen aus der Familienähnlichkeit zu erkennen. (Deutsches Museum, herausgegeben von Friedrich Schlegel, Wien, 1813, Bd. IV. Seite 479.)

Sattel, welchem ein mit der Menge gelaufener Strassenbube neckend die von ihm festgehaltene Frucht zu entziehen sucht. Der rechte Flügel enthält anschliessend an das Mittelbild als Hauptgegenstand die enge Vereinigung zweier zeitlich getrennter Vorgänge, der

Grablegung und Auferstehung.

Joseph von Arimathia, dessen Gesichtsausdruck den guten und frommen Mann kennzeichnet, trägt zu Häupten und Nicodemus zu Füssen den heiligen Leichnam Christi, welcher bis auf das Antlitz und den oberen Theil der Brust ganz in Leinen gehüllt ist, in das Felsengrab; beide werden von den klagenden mit ihnen gekommenen Weibern, Maria Magdalena und Maria, des Jacobi Mutter, begleitet. Darüber befindet sich das von fünf theils schlafenden, theils aufgeschreckten Hütern bewachte Grab, aus welchem soeben der im Glorienschein verklärte Menschensohn, in der Linken die Osternfahne haltend und die Rechte emporhebend, auferstanden ist. An seiner rechten Seite schwebt im Lichtgewande der vom Himmel herabgefahrene Engel, welcher die Steinplatte von dem Eingange der Gruft abgehoben hat. Hieran reihen sich in weiterer Folge gegen den landschaftlichen Hintergrund wieder die beiden Frauen, welche aus der Ferne mit Spezereien zum Grabe wandeln, um des Herrn Leichnam zu salben. Mehr nach vorn erscheint dann der Auferstandene selbst mit der Fahne zuerst der vor ihm in heiliger Ehrfurcht in die Kniee gesunkenen Maria Magdalena, die er durch die auf ihr Haupt gelegte Rechte segnet. Weiterhin sehen wir rechts Christus im Innern eines Hauses mit dem Friedensgrusse in die Mitte der bei verschlossenen Thüren versammelten Jünger treten, sowie daneben den ungläubigen Thomas die Hand in seine vom Lanzenstiche verwundete Seite legen. Aufwärts zieht sich die Strasse nach dem oberhalb sichtbaren Flecken Emmaus und schreiten auf dieser fürbass mit ihren Wanderstäben. die beiden Jünger, welchen sich der Herr unerkannt zugesellt und die Schrift auslegt. An Ort und Stelle angelangt, sitzen sie alle drei bei einander zu Tische, wo Christus, das Brod brechend, sich ihnen offenbart. Ganz oben in der Mitte erblicken wir sodann den See Genezareth bei Tiberias und auf demselben bei in röthlichem Scheine aufgehender Sonne auf einem Schiffe die fischenden Jünger; am gegenüberliegenden Ufer erscheint der Herr, zu welchem durch die Wellen den Petrus die heilige Liebe hinzieht. Das Ganze endlich findet symmetrisch seinen Abschluss wieder in dem Oelberge, — demselben Berge, welcher auf dem linken Flügelbilde den Ausgangspunkt bildet. Hier liegen auf den Knieen dreizehn Männergestalten — die eilf Apostel und zwei weissgekleidete Engel — und beten mit emporgestreckten Armen den vor ihren Augen inmitten der Wolken in den Himmel fahrenden verklärten Erlöser an.

Ueber dem Lübecker Altarwerke hat ein bei Weitem günstigerer Stern gewaltet, als über dem Danziger «Jüngsten Gericht», indem es der drohenden Gefahr, während der französischen Herrschaft gleich jenem Bilde durch den bekannten, von Napoleon I. ausgesandten Generaldirector der Museen Denon nach Paris gebracht und mit den anderen aus allen Ländern geraubten Kunstschätzen im Louvre vereint zu werden, glücklich, wenn auch nur mit genauer Noth, entging, so dass dasselbe niemals von seiner ursprünglichen Stätte entfernt worden ist. Dazu kommt, dass das auf Holz gemalte Bild ebenso wenig durch Feuchtigkeit gelitten hat, als durch Restauration, welches Letztere bei dem Danziger Gemälde der Fall gewesen, auch nicht, wie Memlings »sieben Freuden« und »sieben Leiden« Mariä die Flügel verloren hat, oder wie der Genter Altarschrein der Brüder van Eyck in seinen verschiedenen Tafeln weithin zerstreut ist.

Die so auf die Gegenwart gekommene vortreffliche und vollständige Erhaltung unseres Meisterwerkes, welche die genauere Erkenntniss der Memlingschen Malweise, wie kaum ein anderes Bild dieses Künstlers, ermöglicht, lässt vor Allem die freieste und leichteste Pinselführung wahrnehmen, wie umgekehrt ein augenscheinlicher Beweis für letztere aus solcher der Zeit trotzenden Erhaltung zu entnehmen ist. Daneben bewundern wir eine ausserordentliche Feinheit in der technischen Behandlung. Dem Maler ist bei einem durchgängig warmen Tone ein dünner und sauberer Farbenauftrag, sowie eine zarte Lasur und Schmelz eigen, wobei andererseits die Kraft des Colorits durchaus nicht vermisst wird. Obgleich die Localtöne bei ihm sehr lebhaft und rein sind, so beeinträchtigen sie sich bei aller ihrer Mannigfaltigkeit doch nie einander, vielmehr beherrscht das Ganze eine grosse Harmonie. Was die Perspective betrifft, so gelangt zwar auch die Linienperspective in unserem Altarbilde zur vollen Geltung, jedoch gebricht demselben noch die Kenntniss der Luftperspective, wie wir diese Wahrnehmung überhaupt bei sämmtlichen zeitgenössischen Malern machen. Wohl heben sich alle Gegenstände gehörig ab, die nahen springen vor und die entfernteren weichen zurück; allein der Luftton wirkt nicht fernend, und es fehlt der natürliche Duft. Dafür herrscht aber eine solche Klarheit, dass jede Form und jede Farbe noch im tiefsten Hintergrunde auf das Bestimmteste hervortritt und das kleinste Detail sich deutlich unterscheiden lässt, wie dies der Miniaturmalerei, von welcher der flandrischen Schule die erste Anleitung kam, eigenthümlich ist. Den erwähnten Mangel der Luftperspective weiss der Maler indess durch die Verstärkung und Abschwächung der Contouren zu ersetzen und einen annähernd entsprechenden Effect zu erreichen. Wenn er darin schon ein Mittel findet, zugleich der plastischen Erscheinung in die Hand zu arbeiten, so ist es doch hauptsächlich seine Malweise, welche den Gestalten die Rundung verleiht. Und diese Wirkung bringt der Künstler nicht etwa durch Anwendung der tiefen Schatten hervor, die er nicht kennt, sondern sie entsteht lediglich durch die Farbenscala selbst. Crowe und Cavalcaselle*) bezeichnen Memlings Malweise daher treffend als chromatische und bemerken dazu, «er verstehe es ganz wunderbar, durch blosse Nebeneinanderstellung der Farbentöne die zartesten und wahrsten Harmoniefolgen zu erzielen, und verdecke auf diese Weise seine Mängel an Relief und Luftperspective.»

Nicht minder bewährt sich der Meister in der Composition. Wir heben hier zunächst die sinnreiche Anordnung, sowie ein

---

*) Geschichte der altniederländischen Malerei, deutsche Originalausgabe von Anton Springer. Leipzig 1875, Seite 299.

Zusammenstimmen aller Einzelnheiten von mannigfacher Art zu einer Gesammtwirkung hervor. Denn wie trefflich verstand es der Maler, die vielen Scenen und Gruppen, wiewohl durch dazwischen tretende landschaftliche und architectonische Beiwerke getrennt, doch wieder zum Ganzen zu verbinden! Wenn Memling dabei bemüht ist, nicht sowohl von den hergebrachten Typen sich zu befreien, als vielmehr dieselben in einem neuen Geiste umzubilden, so verdanken wir diesem Streben selbsterfundene Motive, ohne dass der Künstler in's Gesuchte zu verfallen Gefahr läuft, sondern er durchdringt die Strenge der Tradition mit dem Leben individueller Empfindung, wobei er sich getreu an die Natur hält. Seine Köpfe haben daher tiefen Ausdruck und ergreifen durch ihre portraitartige Wahrheit. Aus ihren characteristischen Formen giebt sich ein überaus fleissiges und sorgfältiges Studium kund. Obwohl Memling, dem Beispiele seiner Vorgänger folgend, im Uebrigen des Costümes seiner Zeit, mit welchem ja Jedermann als seiner täglichen Umgebung vertraut war, sich bediente, unbekümmert um den dadurch von ihm begangenen Anachronismus, indem an sich die Erforschung des der vorgeführten Zeit Christi entsprechenden Costümes viel gelehrten und dem Künstler nicht leicht zu Gebote stehenden Apparat erfordert haben würde, so suchte er dasselbe doch gewissermaassen zu generalisiren und auf thunlichst reine, einfache und edle Formen zurück zu führen. Auf solche Weise entsteht auch für das Auge des heutigen Beschauers durchaus kein fremdartiger oder gar störender Eindruck, vielmehr werden in diesem das volle Verständniss und die volle Sympathie bewirkt und wird jene Wechselwirkung erzeugt, welche das höchste Ziel aller Kunst ist. Der eigentliche Vorzug, das grosse Geheimniss Memlings liegt aber, wie wir bereits oben angedeutet haben, in dem Zauber seiner innigen Empfindung und Auffassung, und dieses giebt sich überall mit einer Unmittelbarkeit und einer Natürlichkeit, welche der Meister als schönste Mitgift der flandrischen Schule verdankte.

Gehen wir jetzt zur kritischen Betrachtung der einzelnen Tafeln des Altarschreines über!

Die Verkündigung, obwohl in einer einzigen Farbe, grau in grau, gemalt, ist künstlerisch nicht der mindest werthvolle Theil des ganzen Werkes und von Memling sehr sinnreich in weniger scheinbarer Weise als Einleitung zu der gestellten Aufgabe, dem grossen Erlösungswerke, als dessen erstes Moment bestimmt. Die beiden einander gegenüber in zwei Nischen statuarisch auf Sockeln dargestellten Gestalten des Engels und der Maria sind hehr und edel, sowie in schönen Proportionen, die Gewänder sind mit höchster Sorgfalt und vielem Geschmack modellirt, die Köpfe aber zeichnen sich vor Allem durch einen feinen und ansprechenden Ausdruck aus. Durch die vollendete Ausführung dieser Köpfe unterscheidet Memling sich unschwer erkennbar von den anderen Meistern der van Eyckschen Schule. Es offenbart sich in ihnen die nur diesem Maler eigene Art, welche insonderheit bei der Jungfrau Maria den Ausdruck stiller Anmuth annimmt*). Indem der Künstler hier durch die Wahl

---

*) Die linke auf der Brust liegende Hand der Maria lässt mehrere Pentimenti an den Fingernägeln, namentlich am Daumen sehen, — wodurch zugleich der augenscheinlichste Beweis für die Originalität des Bildes geführt wird.

des einen grauen Tones jeden äusseren Effect zu vermeiden bestrebt war, versparte er zugleich die ganze Farbenleiter für die Folge und wusste durch den einfach natürlichen Gegensatz die Wirkung der Farben zu erhöhen, welche denn dem Beschauer aus dem Schreine selbst nach dessen Oeffnung mit vollstem Glanze entgegenstrahlen.

Zunächst zeigen sich dem Blicke die vier Heiligen St. Blasius, St. Johannes der Täufer, St. Hieronymus und St. Aegidius. Wenn wir hier im Allgemeinen bemerken, dass die Gewänder, wie der Styl der altflandrischen Schule es mit sich bringt, den Körperformen sich noch weniger anschmiegen und durchweg gerade Linien vorherrschen, so thut dies den statuarischen Gestalten immerhin keinen Eintrag, vielmehr lässt eine solche Gewandbehandlung bei allen vier Heiligen eine schlichte und ernste Grossheit zu Tage treten. Im Uebrigen ist der Faltenwurf hier, wie auch bei der «Verkündigung», minder eckig und geknittert, als auf anderen Gemälden derselben Schule und Zeit; das Gewand umgiebt in einfachen und edlen Linien und Würfen bequem und schön die Gestalten. Auch die Stellungen sind im Ganzen ungezwungen. Die Köpfe sind durchweg in einem kräftigen und klaren Tone mit leichtem und freiem Pinsel auf das Sorgfältigste durchmodellirt, so dass in ihnen das volle Leben zu pulsiren scheint. Insonderheit gilt dies von dem durch den seelenvollsten Ausdruck sich auszeichnenden und plastisch heraustretenden Kopf des St. Hieronymus. Wenngleich der statuarischen Auffassung entprechend sich in diesen Darstellungen eine fast sculpturartige Bestimmtheit, wie Rundung ausspricht, so erscheint andererseits Memling doch auch hier als ächter Maler. Bewundernswerth ist neben der tiefen prachtvollen Färbung der grosse Fleiss, womit der Künstler, namentlich bei St. Blasius und St. Aegidius in dem Messornate und in den Bischofs- und Abtstäben, die Ornamente und das sonstige Detail vollendet hat. Von diesen in einem sehr warmen Tone gemalten Heiligen sagt daher Waagen*) mit Recht, dass sie zu dem Vorzüglichsten gehören, was Memling hervorgebracht hat.

Uebrigens sei noch darauf hingewiesen, dass der Künstler, während von ihm sonst den Heiligen die hergebrachten Attribute richtig zugetheilt sind, in Bezug auf Johannes den Täufer darin abweicht, dass letzterer nicht das Lamm, wie gewöhnlich, auf seinem Arme trägt, sondern von dem Lamm begleitet wird.

Gleichwie der Lehrer unseres Meisters, Roger van der Weyden, vornehmlich die Leiden Christi dargestellt hat, so hat auch Memling sich diesen Hauptgegenstand für seine Kunst auserkoren. Sein ganzes Werk gipfelt hier in der Kreuzigung. Diese ist von dem Künstler, wie schon erwähnt, als gegenwärtiges Moment gedacht, und es erscheint zugleich das Mittel- und Hauptbild, während die beiden Flügel desselben vorhergehende und nachfolgende Scenen der Passionsgeschichte vorführen, als einheitliche Auffassung und Darstellung desselben Gegenstandes. Das Dramatische macht sich dabei geltend nach dem Vorbilde seines genannten Lehrers, jedoch im Ganzen ohne dessen Leidenschaft, und wechselt hier so mit dem Epischen, welches in den übrigen

---

*) Handbuch der deutschen und niederländischen Malerschulen, Stuttgart 1862, Bd. I. Seite 127.

geschichtlich sich an einander reihenden biblischen Ereignissen auf den Flügeln zum Ausdruck kommt. Wenn auch das Mittelbild vor allen anderen durch Farbenreichthum sich auszeichnet, so ist es doch durchaus nicht bunt, vielmehr wird der Beschauer neben der Schönheit und Klarheit der Farben durch die Harmonie im Colorite angezogen. Was aber den Vortrag betrifft, so drängt sich gleichwohl die Wahrnehmung auf, dass die hier und da ersichtliche pastose Behandlung der Farbe dem Memling fremdartig ist und man auch sonst eine demselben untergeordnete Schülerhand erkennt. Letztere tritt ebenfalls in dem rechten Flügel bei dem auferstandenen Christus mit der Osternfahne und dem Engel an seiner Seite ersichtlich hervor. Ungleichheit in der Technik bemerken wir übrigens auch auf dem als ächt beglaubigten berühmtesten Gemälde Memlings, « die Vermählung der heiligen Catharina » im Brügger St. Johannishospitale, wo sich besonders auf den äusseren Flügeln neben Vortrefflichem manches dem Pinsel dieses Meisters weniger Ebenbürtige, ja selbst in der Zeichnung Schwache findet. Ebenso differiren die Medaillons auf dem Ursulakasten ebendaselbst ersichtlich von den Seitenbildern und sind wahrscheinlich von einem Gehülfen ausgeführt. Ausser Zweifel steht es indessen, dass im Uebrigen auch unser Dombild gleichwie die beiden erwähnten Werke von keinem anderen als Memling herrührt. Die Composition zumal zeigt unverkennbar des Meisters besonderes Geschick in der ganzen Weise der Anordnung und Gruppirung, indem ungeachtet der Fülle der vorgeführten einzelnen Figuren und Gruppen keine sich drängt und hindert, sondern alle den ihnen gebührenden Raum finden. Sie bekundet vortreffliche dem Künstler eigenartige selbstständige Naturstudien, die dieser dem heiligen Inhalte zu Grunde legte und damit zu verschmelzen strebte, und ist überdies von grosser harmonischer Wirkung. Immerhin gehört sonach die «Kreuzigung» zu den bedeutendsten Werken, welche die flamändische Schule über diesen von den Malern vielfach behandelten Vorwurf hervorgebracht hat. Auch manche spätere Künstler haben ihre Motive daher entnommen. So ist dies noch in neuester Zeit geschehen u. A. von dem seine biblischen Gegenstände mit ergreifender Realistik darstellenden Historienmaler Eduard von Gebhardt, welcher in gleicher Weise sich bestrebt, in denselben vorzugsweise die menschliche Seite hervorzuheben und seine Gestalten unmittelbar aus dem Leben zu nehmen, andererseits jedoch Memling in dessen frommer Auffassungsweise nicht sein Vorbild sein lässt, vielmehr hier seinen heiligen Stoff jener Verklärung, welche aus gläubiger Begeisterung des Künstlers unmittelbar entspringt, zu entäussern sucht.

Fassen wir einzelne Gestalten und Gruppen des Mittelbildes näher in's Auge, so ist zunächst die Hauptgestalt, der eben verschiedene Jesus selbst, dem Maler weniger gelungen, bei Weitem besser der zur Linken des Erlösers gekreuzigte reuige Schächer, der mit glücklicherer Hand von der Seite dargestellt ist; überhaupt fehlt jedoch die gleiche Sicherheit und Fertigkeit in der Zeichnung des Nackten, welche wir im Danziger Weltgericht vor Allem bewundern. Höchst edel und ritterlich erscheint der geharnischte Hauptmann zu Pferde, welcher mit der Rechten für die Göttlichkeit des Heilandes zeugt. Ein sehr individuelles

Gepräge haben die drei biderben Männer unter dem Kreuze links am Bildrande, welche angesichts des grossen Ereignisses im eifrigen Gespräche mit einander begriffen sind; in ihnen treten uns treffliche Typen eines ächten und kernigen Bürgerthums entgegen. Mit vielem Leben sind ferner die im Vordergrunde rechts um die Kleider des Herrn würfelnden Kriegsknechte zusammen gruppirt und kunstgerecht dargestellt; ihre Köpfe sind bei aller Mannigfaltigkeit, wenn auch etwas rohen Ausdrucks, doch durchaus frei von jedem Fratzenhaften. Eine ähnliche Scene enthält das in der Gemäldegallerie zu Augsburg (Catal. Nr. 807) befindliche und auch in sonstiger Darstellung mit dem unsrigen verwandte Gemälde von Albrecht Altdorfer «die Kreuzigung»; nur erzürnen sich dort die Kriegsknechte beim Würfeln und fassen sich in die Haare. Nebenbei sei darauf hingewiesen, dass das Kunststückchen der Widerspiegelung dieser Gruppe in dem Harnische eines der Krieger ebenfalls auf der berühmten Altartafel von Sodoma, der ungefähr zehn Jahre später gemalten «Kreuzabnahme», in der Kirche San Francisco zu Siena sich findet, worauf ein römischer Kriegsknecht in voller Rüstung, welcher neben dem Kreuze stehend vom Rücken gesehen wird, sich in einem glänzenden an der Erde liegenden Helme spiegelt, so dass auf diese Weise auch dessen Vorderseite sichtbar wird. Endlich nimmt die Gruppe der heiligen Weiber, welche zu heftigen Aeusserungen des Schmerzes hingerissen werden, unsere besondere Beachtung in Anspruch. Namentlich ist die ohnmächtig niedergesunkene Mutter Christi, die von Johannis und ihrer Schwester Mariä Armen umfangen und gehalten wird, von ergreifender Tiefe der Empfindung. Obwohl die fünf Frauen in Haltung und Gesichtsausdruck je nach ihrer Individualität sehr verschieden sind, so harmoniren sie doch in dem Allen gemeinsamen unsagbaren Schmerze um des Erlösers Tod mit einander. Wenn Memling sich sonst vor Allem durch vielen Liebreiz und Anmuth in den von ihm dargestellten Frauengestalten auszeichnet, wie solche zumal in seinen früheren Werken, besonders in der Vermählung der heiligen Catharina und in der Ursulalegende, zu Tage treten, so bot sich allerdings hierfür in dem vorliegenden Gegenstande kein Anlass. Denn es galt ja, ein anderes Motiv zum Ausdruck zu bringen, eine andere Stimmung bei dem Beschauer hervorzurufen. Im Uebrigen mag hier ein Ausspruch Schnaase's[*]) seine Stelle finden, welcher gelegentlich eines späteren Werkes Memlings, des Danziger Weltgerichts (unser Dombild stammt aus noch späterer Zeit), sagt: «Nicht bloss unser Meister selbst, sondern auch seine Zeitgenossen waren ernster geworden, begnügten sich nicht mit jener süssen hingebenden Frömmigkeit des Gefühls, sondern verlangten eine Kunst, welche sie tiefer ergriffe, den ganzen Menschen erfasse.»

Bevor wir uns nunmehr den beiden das Mittelbild umschliessenden Flügeln des Altars, der Kreuztragung und der Grablegung und Auferstehung, zuwenden, sei die Bemerkung vorausgeschickt, dass, wie wir in der altflandrischen Schule die Neigung, chronikenartig im Detail zu schildern und das epische Element zum Ausdruck zu bringen, vorherrschend finden, dieselbe

---

[*]) Geschichte der bildenden Künste. Stuttgart 1879. Bd. VIII, Seite 252.

besonders bei Roger van der Weyden und noch mehr bei seinem Schüler Memling hervortritt. Kein anderer Künstler hat aber jene Richtung, wodurch dem Gegenstande überdies die dem Epos eigene Ruhe verliehen wird, mit solcher Vorliebe ausgebildet als eben der Letztere, wie ausser manchen anderen Gemälden von seiner Hand, namentlich den mehrfach erwähnten « sieben Freuden Mariä » zu München und « sieben Leiden Mariä » zu Turin, auf das Augenscheinlichste unser Altarbild in seinen beiden inneren Flügeln beweist. Die sorgfältigste und mikroskopische Ausführung der vielen Details in den Figuren wie in der Architectur verräth hier nicht undeutlich den Ursprung, welchen die altflandrische Schule aus der Miniaturmalerei nahm, und in welcher gerade Memling nicht minder Treffliches leistete. Die Fortführung derselben in gleicher Weise musste später schon aus dem einfachen Grunde aufgegeben werden, weil der Maler nicht einen gleichen eisernen Fleiss, wie die flandrischen Meister besass und er daher mit seiner Arbeit nie fertig geworden sein würde.

Zugleich gewahren wir in den Flügeln das Eigenthümliche, dass uns auf derselben Bildfläche zahlreiche in der Zeit, wie in dem Raume getrennte Ereignisse und Episoden vorgeführt werden. Eine solche Darstellungsweise Memlings findet sich gegenwärtig überhaupt nicht mehr, wie sie auch Lessing's Grundgesetze der bildenden Kunst entschieden widerstreitet. Dieselbe stimmt jedoch durchaus überein mit der früheren Naivetät der künstlerischen Stoffbehandlung, die uns auch sonst in den Gemälden der Zeitgenossen unseres Meisters häufig entgegentritt und dazu diente, die Handlung recht klar und anschaulich zu machen.

Indem Memling bei dem Dombilde nun beflissen ist, den grossen Reichthum seines Stoffes, der ihm in der heiligen Schrift geboten war, möglichst vollständig zu verwerthen und auf den beiden Flügeln in geschickter Vertheilung unterzubringen, stützt sich hier das Ganze auf die im Vordergrunde dargestellten Hauptgegenstände und tritt alles Uebrige hiermit in Beziehung. Dabei verfolgte der Künstler ein doppeltes Ziel. Seine sehr durchdachte und durch viele Symmetrie sich auszeichnende Anordnung fasst nämlich für die Darstellung sowohl die historische Folge, als die räumliche Dimension in's Auge. Die einzelnen Scenen und Gruppen senken sich nicht nur auf dem linken Flügel vom Hintergrunde, mit dem Gebete am Oelberge beginnend, abwärts und erheben auf dem rechten Flügel sich wieder zum Hintergrunde, mit der Himmelfahrt abschliessend, aufwärts, sondern in Uebereinstimmung damit werden auch die Figuren und ihre Umgebung allmählig gegen den Hintergrund immer kleiner und feiner. Entsprechend solcher Darstellung ist auch der Himmel gehalten: auf Gethsemane nächtliches Dunkel mit anbrechendem Morgen, hoher Tag auf dem Mittelbilde, wiewohl Sonne und Mond von Wolken verhüllt sind, wogegen bei der Grablegung wieder Dämmerung und Nacht waltet, indessen hinten die Sonne im Wasser sich spiegelnd aufgeht.

Der dem Meister eigenthümlichen Anordnung ist es zu verdanken, dass die heiligen Begebnisse vor dem Auge des Beschauers sich von Vorgang zu Vorgang entwickeln. Zugleich nimmt die locale Umgebung mit ihren Strassen und Baulichkeiten, mit ihren Bergen und Thälern sie in lebensvollster Realität in sich auf, ja verwächst gleichsam mit ihnen, doch so, dass jede Episode in ihrer Art ein abgeschlossenes Bild abgiebt. Durch solche unbefangene und naive Weise der Versinnlichung, in welcher überdies ein eigener Reiz der mit Anmuth gepaarten religiösen Innigkeit liegt, weiss der Maler die biblischen Geschichten auch dem Gemüthe des Beschauers nahe zu bringen und ihn wahrhaft zu entzücken.

Auch die Landschaft ist hier von nicht zu unterschätzender Bedeutung. Im Einklange mit dem übrigen Ganzen athmet diese eine gewisse feierliche Ruhe und ist dabei so lieblich und anmuthig aufgefasst, dass sie, wir möchten sagen, zu dem Besten gehört, was die van Eycksche Schule nach dieser Richtung hin geschaffen hat. Wir sehen hier Memling mit Erfolg einen Weg einschlagen, auf welchem sich die späteren niederländischen Landschaftsmaler, wie Joachim Patenier, Paul Bril, Adam Elzheimer, Jacob und Salomon Ruysdael, hervorgebildet haben, und welcher so zu einem selbstständigen, bedeutsamen Kunstzweig erwachsen ist.

Ueberall bekundet unser Meister jenes Masshalten der wahren Kunst, das allen, auch den kleinsten Dingen den Grad der Vollendung giebt, welcher ihnen in ihrer Stellung zu der zu lösenden Aufgabe selbst beikommt, so dass das Ganze wie aus einem Gusse erscheint. Es kommt hinzu, dass der Künstler die Linien des landschaftlichen Hintergrundes durch alle drei inneren Tafeln durchführt, um auch dadurch die Continuität und Einheit der Alles umfassenden, Alles tragenden Natur zum Ausdruck zu bringen.

Bot hiernach Memling in unserem Kreuzaltar mit derselben schlichten Darstellungsweise, in welcher die Bibel erzählt und zum Gemüthe spricht, den einem jeden Christen wohlbekannten Stoff, und war derselbe hierbei bestrebt, die Natur in lebensvoller Wahrheit sein Vorbild sein zu lassen und in dieser die seinem erhabenen Gegenstande entsprechenden Formen zu suchen, wobei er freilich die Realität künstlerisch nach seiner eigenen schöpferischen Kraft und Gefühl umgestaltete, so sehen wir den grossen Meister dadurch eine so herrliche, allgemein menschliche Wirkung erreichen. Erhaben über den Raum der Jahrhunderte wird dieses Altarbild, wie es noch heute in der Seele des Beschauers die heiligsten Gedanken und Empfindungen erweckt, auch auf die künftigen Generationen eine gleiche Macht zu äussern nicht verfehlen. Es wird für alle Zeiten fortleben, weil es eine unmittelbare Offenbarung vom Göttlichen und Ewigen ist.

Druck von W. Drugulin in Leipzig.